Kristina Scharmacher-Schreiber estudió filología alemana en Münster y Bérgamo y simultáneamente escribió en varios periódicos. Posteriormente colaboró con importantes teatros de la ópera y desde 2016 es autora y traductora de obras de no ficción para niños.

Stephanie Marian. La felicidad de los demás la hace feliz. O escribir e ilustrar. Realizó estudios de Diseño en la especialidad de Ilustración en la MSD. Los libros ilustrados y las revistas le inspiran vida. Vive en Braunschweig. Se le puede sobornar con brillantes ojos de niño y chocolate. "¿Cuánto calor es 1 grado más?" habla de un tema con el que se siente muy identificada.

MIXTO
Papel procedente de
fuentes responsables
FSC
www.fsc.org
FSC® C116691

Este libro es amigo del medio ambiente. Se ha prescindido del plastificado y ha sido impreso con tintas exentas de aceites minerales en papel 100% reciclado.

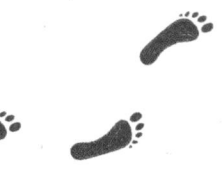

Título del original alemán: *Wie viel wärmer ist 1 Grad? Was beim Klimawandel passiert*
Traducción de L. Rodríguez López
Texto de Kristina Scharmacher-Schreiber
Ilustraciones de Stephanie Marian
© 2019 Beltz & Gelberg
in the publishing group Beltz – Weinheim Basel
© Para España y el español: Lóguez Ediciones 2020
Todos los derechos reservados
ISBN: 978-84-120521-8-3
Depósito Legal: S 114-2020
Printed in Spain: Grafo, S.A.
www.loguezediciones.es

Kristina Scharmacher-Schreiber
Stephanie Marian

¿CUÁNTO CALOR ES 1 GRADO MÁS?

¿Qué pasa con el cambio climático?

Lóguez

EN LA TIERRA, CADA VEZ HACE MÁS CALOR.

Y sucede más rápido que nunca antes. En los últimos 150 años, la temperatura de la Tierra ha subido por término medio 1 grado aproximadamente.

¿No hace un tiempo maravilloso?

¡No consigo ver el cambio climático!

¿Cómo se nota 1 grado más?

La Tierra tiene 4500 millones de años. Si se tiene en cuenta 1 año, ¡entonces 150 años serían para la Tierra exactamente un segundo! 150 años: un periodo de tiempo muy, muy breve, no más largo que un pestañeo para una persona.

¿150 años? Abuela, ni siquiera tú eres tan vieja.

CLIMA Y TIEMPO
NO SON LO MISMO.

El tiempo cambia con frecuencia.

Puede suceder que hoy luzca
el sol y te entren
ganas de comer un helado.

Que mañana llueva y puedas
saltar de charco en charco.

Y que pasado mañana una
tormenta silbe alrededor
de la casa.

Si el clima cambia, no se nota inmediatamente, al contrario
de lo que sucede con el tiempo. Se denomina clima al
tiempo que predomina habitualmente en un lugar durante
muchos años.

Para valorar el clima, normalmente se parte de un periodo de tiempo de 30 años. Los investigadores registran día a día las informaciones: miden la temperatura del aire y del agua, la fuerza del viento o la cantidad de lluvia de una región y lo van anotando todo. Así, después de un determinado tiempo, se puede comprobar si, en conjunto, hace más calor o más frío, o si el tiempo es más húmedo o más seco.

MEDICIÓN
DIRECCIÓN DEL VIENTO

ESTACIÓN
INVESTIGA

MEDICIÓN
TEMPERATURA

MEDICIÓN
CANTIDAD DE LLUVIA

DISTANCIA ENTRE
LA TIERRA Y EL SOL:
150 MILLONES DE KM.

GRACIAS AL SOL, en la Tierra prevalece un clima en el que pueden
vivir plantas, animales y personas. Los seres vivos necesitan aire, agua,
nutrientes, luz y calor. La distancia entre ambos cuerpos celestes es
exactamente la correcta para que se puedan dar las condiciones de
vida. Si la Tierra estuviera más cerca del Sol, se quemaría. Y si la Tierra
estuviera demasiado lejos del Sol, nadie podría
vivir aquí por el frío.

La Tierra está rodeada
por una capa de aire
a la que se denomina
atmósfera.
Contiene oxígeno, que todos los seres vivos necesitan para respirar, y
otros diferentes gases. Esos gases se ocupan de que una parte del calor
del Sol que llega a la Tierra sea almacenado en la atmósfera, como en
un gigantesco invernadero. Por eso se habla de efecto invernadero, que
se produce por la acumulación de gases en la atmósfera.

EL CLIMA EN LA TIERRA
NO ES EL MISMO EN TODAS PARTES.

El Sol calienta determinadas zonas más que otras. Por eso, hay distintas zonas climáticas.

N

TRÓPICO

ECUADOR

TRÓPICO

En el ecuador, los rayos del Sol caen sobre la Tierra casi verticalmente. Ahí se encuentran los trópicos, la zona climática más calurosa. En las zonas templadas, los veranos no son tan calurosos y los inviernos no tan fríos. En los polos es donde más frío hace, ya que los rayos del Sol se concentran en un ángulo muy plano. Por eso, tienen menos fuerza para calentar la Tierra.

ZONA POLAR

ZONA SUBPOLAR

ZONA TEMPLADA

Las corrientes marinas y de aire son las causantes de que el calor sea redistribuido en parte. Si no fuera así, en los polos el frío sería más intenso y el ecuador más caluroso. Del ecuador fluye aire y agua caliente hacia el norte y el sur.

CALIENTE

FRÍO

El aire y el agua caliente ascienden. El aire y el agua fría descienden. Exactamente eso es lo que sucede en el recorrido hacia los polos. Las corrientes calientes del ecuador se enfrían, descienden y fluyen de regreso en dirección al ecuador.

ZONA SUBTROPICAL   TRÓPICO

EN LAS ZONAS POLARES FRECUENTEMENTE HACE UN FRÍO TERRIBLE.

En Groenlandia, por ejemplo, todo está bajo nieve y hielo gran parte del año. En invierno, el sol no sale durante meses y siempre está oscuro.

Los árboles de Navidad tienen que ser traídos en barco, ya que en las zonas polares apenas crecen plantas y no hay ningún árbol.

ssat Center Marked

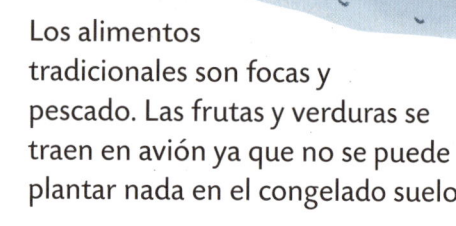

Los alimentos tradicionales son focas y pescado. Las frutas y verduras se traen en avión ya que no se puede plantar nada en el congelado suelo.

¡Esto no me hubiera sucedido con el trineo de perros!

En verano, los niños tienen dos meses de vacaciones para que puedan disfrutar de los escasos rayos de sol. Sin embargo, en julio ya hay que ponerse una gruesa cazadora porque el tiempo se mantiene frío.

LOS TRÓPICOS SON LAS ZONAS DE CLIMA MÁS CALUROSO.

Aquí siempre hace calor y las estaciones del año no se distribuyen en cuatro, sino en una estación lluviosa y una seca.

Las regiones tropicales, que se encuentran en las proximidades del ecuador, son muy húmedas durante casi todo el año y llueve mucho. Ahí proliferan espesas selvas húmedas donde viven incontables especies animales. A través de los trópicos, fluye también el río más caudaloso del mundo: el sudamericano Amazonas. Los niños que viven aquí van a la escuela con frecuencia en barca.

En el ecuador, fluye aire caliente y húmedo hacia arriba, y se va enfriando, lo que hace que se formen nubes. Así, el aire fluye hacia el norte y hacia el sur y las nubes descargan la lluvia.

Cuando el aire llega a los trópicos, es decir, allí donde el Sol continúa brillando verticalmente sobre la Tierra, desciende de nuevo. El aire se ha vuelto tan seco que ya no puede formar ninguna nube. Hace calor y llueve extremadamente poco, solamente pueden sobrevivir unas pocas plantas: se forman desiertos.

17

EUROPA SE ENCUENTRA EN UNA ZONA
CLIMÁTICA TEMPLADA. Aquí hay sol y lluvia, calor y
frío, viento y nieve. Cuánto de esto hay en qué lugar difiere
y depende de la estación del año.

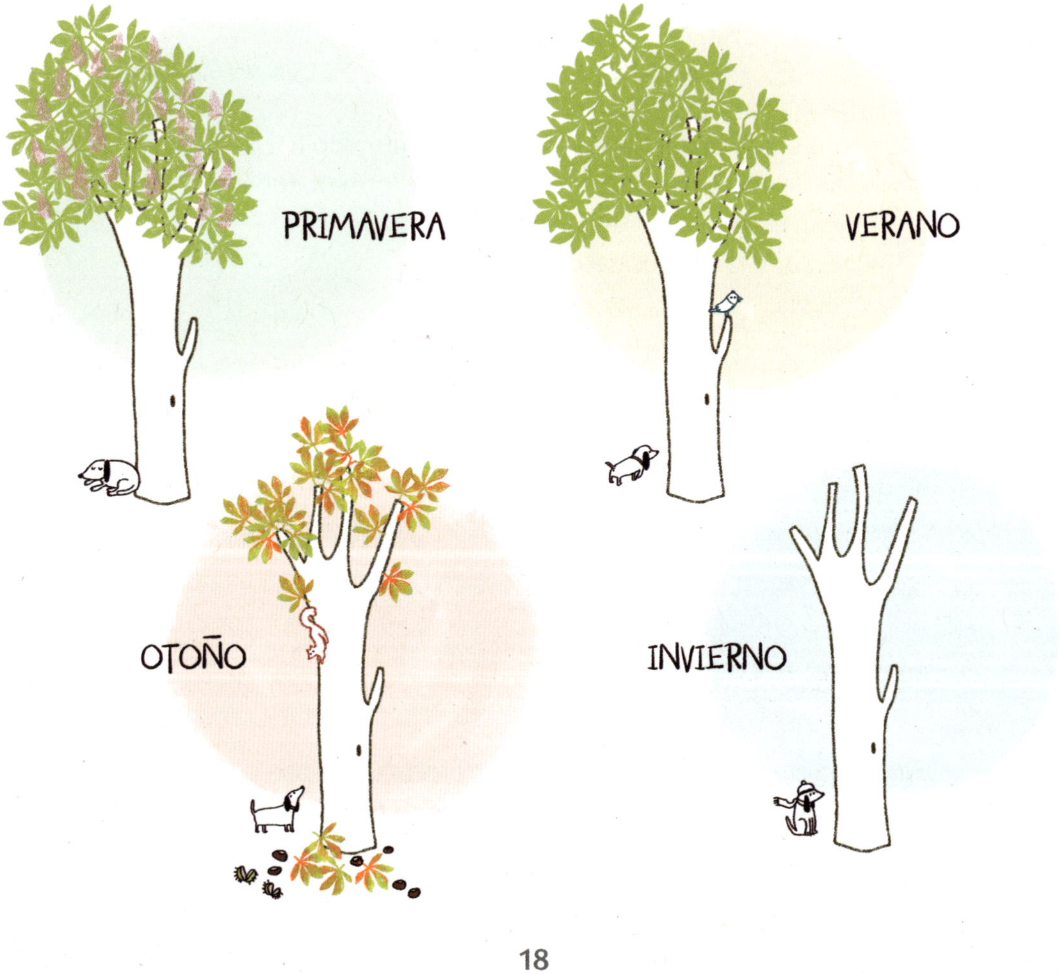

PRIMAVERA

VERANO

OTOÑO

INVIERNO

Mientras que en las vacaciones de verano en el Mar
Báltico puede hacer verdadero frío y llover,

en el sur, por ejemplo en Italia, el tiempo es,
generalmente, caluroso y seco.

Sin embargo, en la totalidad de las regiones de clima
templado hay cuatro estaciones en el año y los veranos son,
por término medio, mucho más calurosos que los inviernos.

EL SOL ES EL RESPONSABLE DE LAS ESTACIONES DEL AÑO.

La Tierra gira alrededor del Sol, mientras que éste está inmóvil. El giro dura un año. La Tierra, a su vez, gira sobre sí misma. Como una peonza ligeramente inclinada, la Tierra no está completamente vertical. De marzo hasta septiembre, el hemisferio norte está más iluminado y el resto de los meses, el hemisferio sur.

HEMISFERIO NORTE:
COMIENZO DE LA PRIMAVERA

HEMISFERIO SUR:
COMIENZO DEL OTOÑO

21 DE MARZO

21 DE JUNIO

21 DE DICIEMBRE

HEMISFERIO NORTE:
COMIENZO DEL VERANO

HEMISFERIO SUR:
COMIENZO DEL INVIERNO

HEMISFERIO NORTE:
COMIENZO DEL INVIERNO

HEMISFERIO SUR:
COMIENZO DEL VERANO

21 DE SEPTIEMBRE

HEMISFERIO NORTE:
COMIENZO DEL OTOÑO

HEMISFERIO SUR:
COMIENZO DE LA PRIMAVERA

Europa se encuentra en el hemisferio norte. Cuando la mayoría de los rayos solares aterrizan en el hemisferio norte, aquí es verano, los días son largos y calurosos. Cuando la mayoría de los rayos solares llegan al hemisferio sur, por ejemplo a Australia, allí es verano e invierno en el hemisferio norte. En Australia, como en Europa, hay cuatro estaciones, pero exactamente a la inversa. Allí, diciembre es el mejor tiempo para bañarse.

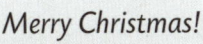

Merry Christmas!

Y últimamente cada vez más sobre el CLIMA.

EL CLIMA NO HA SIDO

SIEMPRE IGUAL. En los miles de millones de años desde la formación de la Tierra, ha habido un continuo cambio de periodos fríos y calurosos.

Cuando vivían los dinosaurios en la Tierra, por ejemplo, hacía mucho más calor que hoy. Sin embargo, cuando un meteorito impactó contra la Tierra, hace 65 millones de años, hizo tanto frío durante varios años que muchas especies de animales se extinguieron. El meteorito provocó una potente explosión, arremolinando tanto polvo y cenizas en la atmósfera que muy pocos rayos de sol consiguieron llegar a la Tierra.

Sin luz ni calor, muchas plantas no podían crecer, de manera que los dinosaurios herbívoros murieron de hambre. Por eso los dinosaurios carnívoros tampoco encontraron alimento.

Como entonces todavía no existía el ser humano, todo lo que sabemos sobre los dinosaurios y su entorno se basa en las conclusiones de los investigadores que actualmente se ocupan de ello. Con el descubrimiento de huesos y fósiles de plantas, se hacen una imagen del mundo en el pasado.

EN LA ÚLTIMA

GRAN ERA GLACIAL, una parte de Europa se encontraba
constantemente bajo el hielo. De los Alpes, únicamente
asomaban las cumbres más altas. Esa era glacial duró
aproximadamente 100.000 años. Desde hace 10.000
años, hace más calor en la Tierra.
Pero hace unos 400 años, en el siglo XVII, volvió de
nuevo a hacer verdaderamente frío. Como quiera que
esa fase no se mantuvo mucho tiempo, se denomina
Pequeña Era Glacial.

Los inviernos eran extremadamente duros y los veranos tan fríos que provocaron hambrunas porque las cosechas eran malas. Las aldeas de montaña tuvieron que ser abandonadas porque los glaciares se extendían, algunos muy fuertemente. Los grandes ríos estaban tan helados que, sobre ellos, podían celebrarse mercados. En 1608 y 1621, se podía incluso ir caminando por el Mar del Norte desde el continente hasta las Islas Frisias.

¡EN CADA PASEO POR EL BOSQUE, UNO SE ENCUENTRA CON TESTIGOS DEL CLIMA!

Con su ayuda, los climatólogos investigan cómo fue el clima en tiempos pasados.

En los troncos de árboles talados o en los tocones, se pueden contar los anillos de crecimiento y descubrir qué edad tiene un árbol. Pero los anillos revelan todavía más:

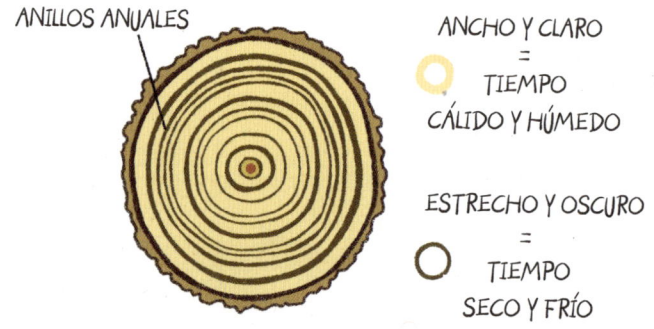

ANILLOS ANUALES

ANCHO Y CLARO
=
TIEMPO CÁLIDO Y HÚMEDO

ESTRECHO Y OSCURO
=
TIEMPO SECO Y FRÍO

A través de ellos, los científicos reciben información sobre el clima. Los árboles crecen especialmente en primavera, y en verano y otoño cada vez menos hasta que, finalmente, hacen una pausa de crecimiento en invierno. A través de esos cambios, se originan los anillos anuales.

No, en los trópicos, todo el año es caluroso y húmedo.

¡Con esto, no podemos hacer nada!

¿Ningún anillo anual?

Además de las plantas, las estalactitas, por ejemplo, nos revelan algo sobre el clima.

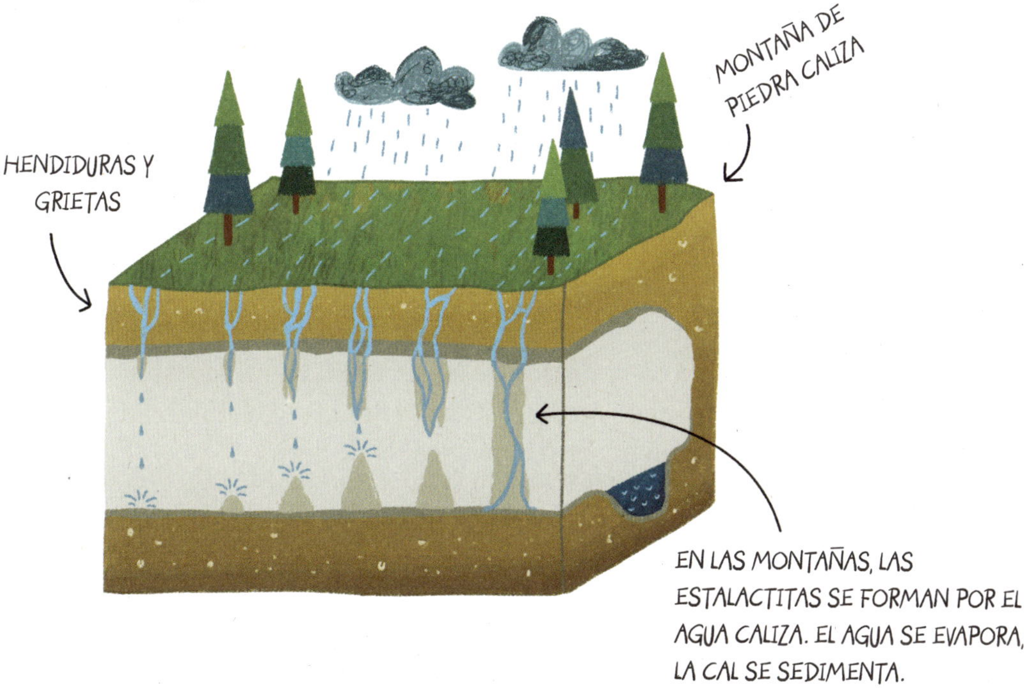

MONTAÑA DE PIEDRA CALIZA

HENDIDURAS Y GRIETAS

EN LAS MONTAÑAS, LAS ESTALACTITAS SE FORMAN POR EL AGUA CALIZA. EL AGUA SE EVAPORA, LA CAL SE SEDIMENTA.

El aire contenido en las estalactitas muestra a los científicos, por ejemplo, cuánta precipitación hubo durante el tiempo de formación en la correspondiente sección de roca.

EL HIELO NOS DA INFORMACIÓN
SOBRE EL CLIMA DE HACE
CIENTOS DE MILES DE AÑOS. En Groenlandia o en
la Antártida, los científicos taladran kilómetros en las
profundidades y extraen núcleos de hielo. El hielo se forma
a partir de las precipitaciones de nieve durante miles de
años. La nieve recién caída, la capa superior, compacta la
que está debajo. Cuanto más profunda es la capa de hielo,
más vieja es.

En el laboratorio se analiza, por ejemplo, el espesor del
hielo o la composición de las diminutas burbujas de aire y
de polvo depositadas. Esto muestra cómo ha cambiado el
clima en un número inimaginable de años.

LA ANTÁRTIDA ES EL CONTINENTE MÁS
FRÍO DE LA TIERRA. LA TEMPERATURA
MÁS BAJA MEDIDA ES DE -93,2 GRADOS.

A PESAR DE LAS HELADAS TEMPERATURAS, LOS INVESTIGADORES
NO SE ACATARRAN TRABAJANDO EN LA ANTÁRTIDA PORQUE ALLÍ
DONDE NO VIVEN PERSONAS NO HAY VIRUS QUE
PROVOQUEN RESFRIADOS.

RESULTA EVIDENTE QUE EL CLIMA

HA CAMBIADO. Pero esos cambios son muy, muy lentos, producidos desde hace cientos de miles de millones de años. Una posible explicación sería que la órbita en la que la Tierra gira alrededor del Sol, no se mantiene invariable.
En el transcurso del tiempo, apenas si se percibe: puede transcurrir circularmente o parecerse a un huevo.

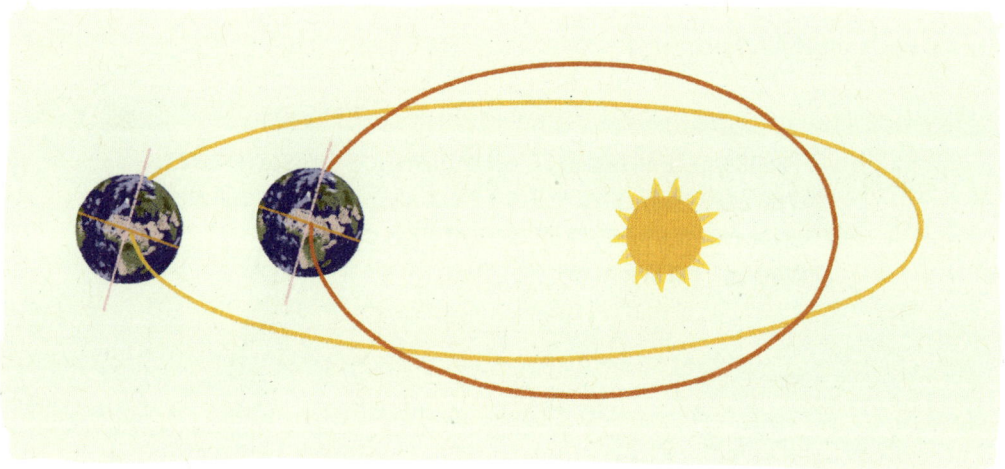

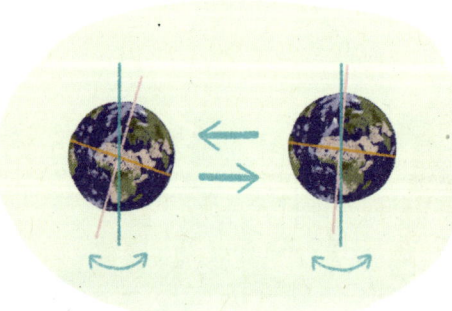

También la inclinación del eje de la Tierra oscila. Por eso, en la Era Glacial, la Tierra estaba, por término medio, más alejada del Sol. En los periodos calurosos, la Tierra giraba más cerca del Sol y le llegaba más luz solar.

Además, los rayos del Sol no siempre son iguales en su intensidad. En el Sol hay manchas que en ocasiones son más numerosas y, en otras, menos. Como quiera que en las manchas se producen erupciones explosivas, eso conlleva que en la Tierra, en años de muchas manchas, se produzca un calentamiento. En una fase de menos manchas solares, en la Tierra hace algo más de frío. Los científicos parten de que las manchas solares sólo influyen ligeramente en el clima.

TIERRA

SOL

MANCHAS SOLARES

LA SUPERFICIE DE LA TIERRA EMITE CALOR.

LA LUZ DEL SOL CALIENTA LA TIERRA.

GASES DE EFECTO INVERNADERO EN LA ATMÓSFERA.

UNA PARTE DEL CALOR ES ALMACENADA EN LA ATMÓSFERA.

EL EFECTO INVERNADERO pertenece, así mismo, a las influencias naturales en el clima. En la atmósfera, que recubre la Tierra como un invisible envoltorio, se encuentran diferentes gases, que son los que hacen que el calor del Sol sea almacenado en la Tierra. Por ejemplo, dióxido de carbono, metano, vapor de agua y ozono. Nosotros respiramos esos gases de efecto invernadero, que se forman por la descomposición de plantas o erupciones volcánicas. Sin los gases de efecto invernadero, en la Tierra haría tanto frío como en un congelador. Esto es, una media de sólo −18 grados.

LA SUPERFICIE DE LA TIERRA EMITE CALOR.

GASES DE EFECTO INVERNADERO EN LA ATMÓSFERA.

UNA PARTE DEL CALOR ES ALMACENADA EN LA ATMÓSFERA.

LA LUZ DEL SOL CALIENTA LA TIERRA.

Siempre ha habido gases de efecto invernadero, pero las personas producen especialmente grandes cantidades y, así, cambian poco a poco la composición de la atmósfera: con coches, aviones y fábricas han liberado en los últimos decenios tantos gases de efecto invernadero en el aire que se almacena cada vez más calor del sol. Cuando la gente habla del cambio climático, quiere decir, en general, exactamente eso. Esto es, el calentamiento de la Tierra debido a la forma de vivir de la personas.

ALGUNOS ACONTECIMIENTOS CAMBIAN INMEDIATAMENTE LA COMPOSICIÓN

DE LA ATMÓSFERA y, con ello, son responsables de otro clima. Cuando en 1883 explotó el volcán Krakatoa en Indonesia, pudo oírse incluso a 4000 kilómetros, en Australia. Con coche, se tendría que viajar aproximadamente dos días para superar esa distancia. E incluso en la todavía mucho más lejana Nueva York, las puestas de sol fueron de pronto distintas, como si ardieran en llamas. Algunas personas llamaron a los bomberos. El Krakatoa lanzó al aire una inimaginable cantidad de ceniza y gases. Las diminutas partículas en suspensión, que de esta forma alcanzaron la atmósfera, se llaman aerosoles y hacen que los rayos del sol sean reflejados, de forma que no puedan llegar a la Tierra con toda su intensidad y, así, enfrían el clima en la totalidad de la Tierra durante varios años. Y como quiera que los aerosoles dejan pasar principalmente los tonos rojos de la luz, el cielo se tiñó de rojo y rosa en muchas partes del mundo.

¡Fuego!

En la atmósfera hay aerosoles como partículas de la arena del desierto o de sal marina. A su vez, las personas generan grandes cantidades de aerosoles. Por ejemplo de hollín, expulsado a la atmósfera en los procesos de combustión en fábricas o en el motor de los vehículos. Algunos tienen un efecto refrigerador sobre el clima. Otros, de calentamiento, como las partículas de hollín, ya que absorben el calor del sol. Los científicos todavía están investigando cuánto influyen los aerosoles en el actual cambio climático. El papel principal en este cambio climático recae en los gases de efecto invernadero que llegan a la atmósfera por la acción del hombre.

PARA CONSEGUIR ENERGÍA
SE QUEMA CARBÓN,

PETRÓLEO Y GAS NATURAL. Al hacerlo, se origina la parte más importante de los gases de efecto invernadero generados por las personas. Nosotros utilizamos la energía para muchas cosas. En casa, en el colegio y en los negocios, consumimos electricidad que se genera en centrales térmicas de carbón. Los coches, en su inmensa mayoría, todavía circulan con gasolina y diésel procedentes del petróleo y las calefacciones se calientan con gas natural.

CIÉNAGA

TURBA

GAS NATURAL

PETRÓLEO

LIGNITO

HULLA

Al carbón, petróleo y gas natural se les denomina materias primas fósiles. Son viejísimos y son extraídos de las profundidades de la Tierra. Como, entre otros, se han ido formando a partir de vegetales podridos, en ellos se encuentra encerrado mucho carbono, ya que las plantas absorben dióxido de carbono y lo transforman en carbono para conseguir energía para su crecimiento. Si quemamos materias primas fósiles, podemos utilizar la energía acumulada en ellas. Al hacerlo, el carbono se convierte de nuevo en dióxido de carbono que va a parar a la atmósfera.

MAR

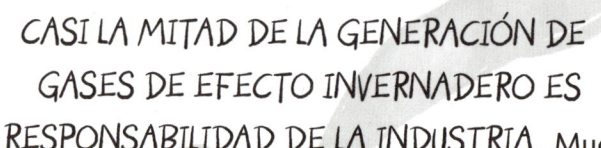

CASI LA MITAD DE LA GENERACIÓN DE
GASES DE EFECTO INVERNADERO ES
RESPONSABILIDAD DE LA INDUSTRIA. Muchas fábricas y
centrales eléctricas expulsan a
la atmósfera gran cantidad de
ellos.

En las acerías, el hierro se convierte en acero con el
que se fabrican, por ejemplo, máquinas, automóviles y
herramientas. Para ello, hay que calentarlo a temperaturas
muy altas y para eso se necesita mucha energía.

ACERÍA

Al quemar carbón en las centrales térmicas, se genera electricidad, que es consumida por nosotros.

CENTRAL CARBOELÉCTRICA

Casi todo lo que compramos se produce en fábricas. En ellas se procesan y se empaquetan comestibles, se produce papel, y el plástico se convierte en juguetes.

41

Hace unos 250 años, se crearon muchos inventos.

EL TRABAJO QUE HASTA ENTONCES ERA REALIZADO POR PERSONAS, SE ENCARGARON DE HACERLO LAS MÁQUINAS.

Aparecieron fábricas equipadas con aparatos mecánicos que podían fabricar grandes cantidades de los más diversos objetos. Las ciudades crecieron debido a que mucha gente se iba a vivir en ellas para trabajar en las fábricas. A esa fase de desarrollo se la denomina Revolución Industrial. Desde entonces, se consume cada vez más energía.

Antes de la Revolución Industrial, las personas se encargaban de crear muchas cosas en sus domicilios: por ejemplo, hilaban con la rueca, tejían alfombras o cocían porcelana. La mercancía era comprada directamente por los clientes o transportada en carruajes hasta los comerciantes del lugar. Con la "Spinning Jenny", una máquina que hilaba en paralelo varios hilos y podía sustituir a muchos hiladores y tejedores, todo empezó a cambiar.

El principal descubrimiento fue la máquina a vapor. Con su ayuda se podía impulsar las máquinas en las fábricas y producir más rápido y en grandes cantidades. También impulsaba locomotoras y barcos, que transportaban material y mercancía a lugares lejanos. Para las máquinas a vapor se necesitaban grandes cantidades de carbón. Para los raíles de los trenes y para los barcos era necesario hierro, en cuya extracción se necesitaban nuevamente máquinas a vapor. Todo esto fomentaba cada vez más la industria.

Para la fabricación de la mayoría de las cosas se necesitan diferentes materiales. Muchos son producidos muy lejos, debido a que frecuentemente es más barato en otros países.

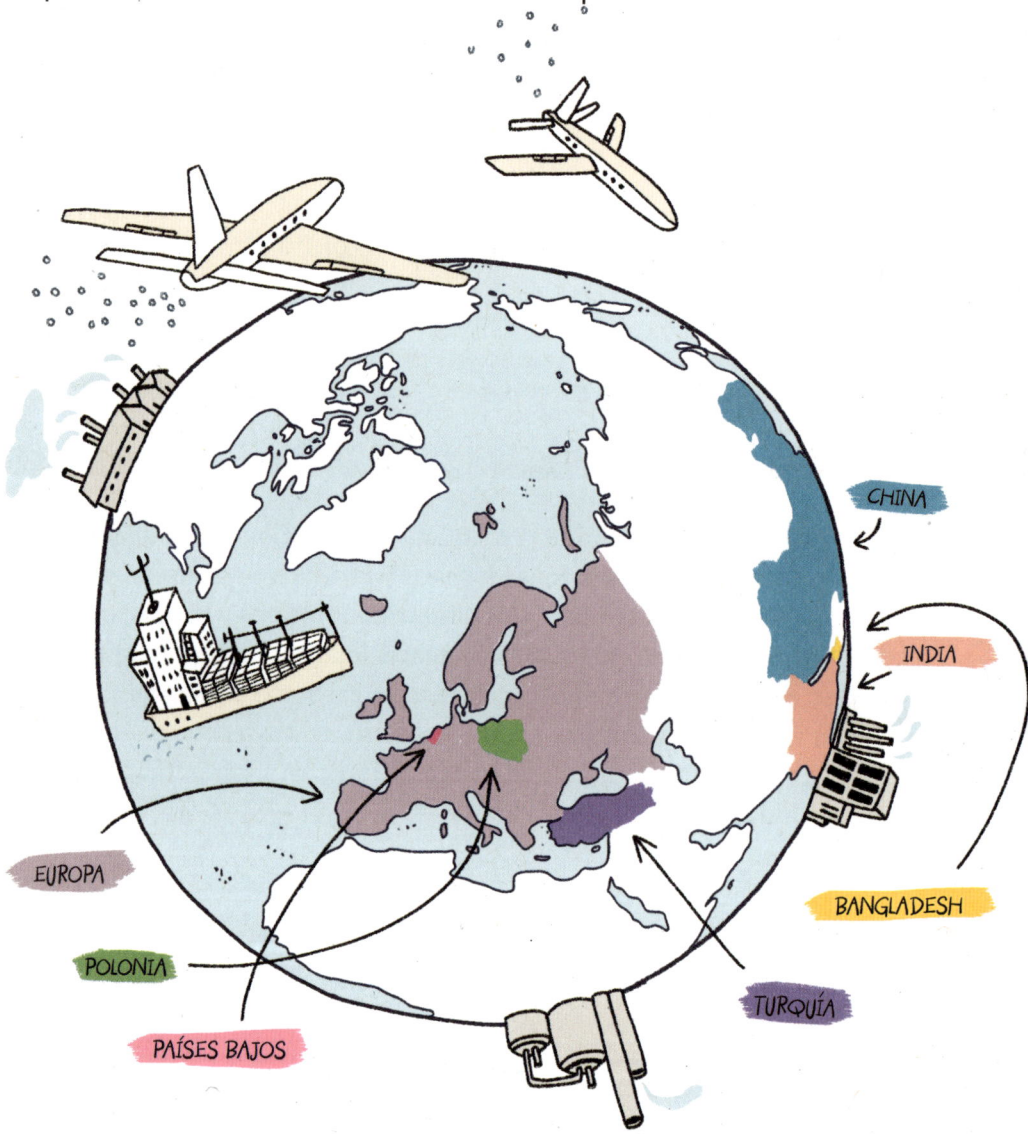

Así, la mayoría de los productos pasan por distintas fábricas en diferentes lugares hasta estar listos para su venta.

HASTA QUE UNOS JEANS TERMINAN EN NUESTRO ARMARIO, FRECUENTEMENTE HAN DEJADO TRAS DE SÍ UN LARGO RECORRIDO.

1. SE PLANTA ALGODÓN

2. SE COSECHA EL ALGODÓN

3. SE HILA EL HILO

4. SE TIÑE EL HILO

5. EL HILO ES CONVERTIDO EN TEJIDO

6. COSTURERAS CONFECCIONAN LOS JEANS

6.a PATRÓN DEL CORTE

6.b BOTÓN Y CREMALLERA

7. LOS JEANS SE LAVAN SEGÚN EL MODELO

8. TRANSPORTE A LOS COMERCIOS

9. COMPRAR JEANS

45

MUCHAS COSAS TERMINAN,

AL FINAL, EN LA BASURA o quedan restos y embalajes que

van a parar a los contendores de basura. Si se separa la basura,
pueden fabricarse nuevos productos. A eso se le llama reciclar.
De viejas cosas, se hacen nuevas, se ahorra en materias primas,
energía y gases de efecto invernadero.

VIDRIO USADO
El vidrio es fundido
y convertido en botellas
nuevas, vasos, etc.

CONTENEDOR DE PAPEL
Del papel y cartón viejos,
se hace papel nuevo.

BOLSA AMARILLA

PLÁSTICOS

CONTENEDOR DE RESIDUOS ORGÁNICOS
Restos de cocina y jardín como
cáscaras de huevo, pieles de
plátano u hojas podridas y que
serán convertidas en compost, con
el que se abonarán flores o huertos.

RESTO DE BASURA
Todo lo demás no puede ser
reciclado. El resto de basura
es depositado en el "Punto
Limpio" o quemado, lo que
origina dióxido de carbono.

La fabricación de plástico requiere mucho petróleo y energía y ocasiona muchos gases de efecto invernadero. Cuando tiramos plástico, por ejemplo, botellas, juguetes, pajitas o bolsas, la mitad de todo ello no será reciclado sino quemado, lo que origina más gases de efecto invernadero.

Si la mezcla de basura de diferentes clases y colores de plásticos que van a parar al contenedor amarillo se funde y se transforma en otros productos de plástico, da lugar con frecuencia a objetos oscuros como cajas. Para la producción de nuevos objetos de colores limpios y brillantes se utiliza, generalmente, plástico nuevo.

Como quiera que no todos separan correctamente la basura, el mundo se encuentra actualmente lleno de plásticos. Los plásticos no se desintegran y se vuelven cada vez más y más numerosos. E incluso si el plástico es abandonado en la naturaleza o flota en el mar también libera gases de efecto invernadero. A través de la acción de los rayos del sol, se va descomponiendo muy lentamente en trozos cada vez más pequeños, liberando metano y otros gases.

47

EN LA CIUDAD, EN BICICLETA
SE AVANZA, A VECES, MÁS RÁPIDO QUE
CON TODO LO DEMÁS. El que no quiere ir en bicicleta, viaja en bus
o en tranvía. En el campo, muchos necesitan coche porque el
supermercado más próximo o el médico se encuentran lejos. Los
aviones llevan diariamente a los pasajeros alrededor del globo, da
igual que sea de vacaciones, a ver a los abuelos o en importantes
viajes de negocios. A través de todo esto, se libera en el aire mucho
dióxido de carbono.

Los medios de transporte públicos como autobuses, trenes o metros ocasionan menos gases de efecto invernadero por persona que el coche, debido a que pueden transportar a la vez a muchos pasajeros. La influencia de los aviones en el efecto invernadero es especialmente grande, a pesar de contar con tantos pasajeros.

Los aviones son impulsados con queroseno que, junto con la gasolina y el gasoil, se saca del petróleo. Cada avión consume gigantescas cantidades de ello, por lo que libera dióxido de carbono y otras sustancias dañinas.

EXPULSIÓN DE GASES DE EFECTO INVERNADERO POR PERSONA Y KILÓMETRO

0 GRAMOS

UNOS 47,5 GRAMOS

UNOS 65 GRAMOS

UNOS 75 GRAMOS

UNOS 140 GRAMOS

UNOS 200 GRAMOS

Siempre buscando una plaza de aparcamiento, no, gracias.

LISTA DE COMPROBACIÓN

¡Ahorrar energía es muy sencillo! ☑

1. CERRAR BIEN LAS VENTANAS
PARA QUE NO SALGA
EL CALOR. ☑

2. ABRIR LAS VENTANAS PARA VENTILAR
BREVEMENTE VARIAS VECES AL DÍA. ☑

3. APAGAR LA LUZ CUANDO
SE SALE. ☑

4. NO DEJAR LOS APARATOS ENCENDIDOS
EN STAND BY. ☑

5. APAGAR LA CALEFACCIÓN
AL VENTILAR. ☒

EN CASA, SE NECESITA CONSTANTEMENTE ENERGÍA. Sin embargo, también hay muchas cosas que se pueden hacer que no influyen demasiado en el clima. Por ejemplo, jugar al fútbol o al escondite.

Las placas solares en el tejado o en el jardín transforman la luz del sol en energía, de forma que se necesita poca electricidad de otras fuentes como la térmica de carbón.

138

¿Pero no tiene que hacerse el balón también en una fábrica?

SOBRE LA MESA DE COMER, en el frigorífico o en el táper se encuentran algunas de las razones de los gases de efecto invernadero ocasionados por las personas. Muchos alimentos, especialmente los de origen animal, resultan gravosos para el clima.

GASES DE EFECTO INVERNADERO POR KILOGRAMO:

UNOS 900 GRAMOS

UNOS 3100 GRAMOS

UNOS 8000 GRAMOS

UNOS 650 GRAMOS

UNOS 1200 GRAMOS

UNOS 1700 GRAMOS

UNOS 23000 GRAMOS

UNOS 13300 GRAMOS

UNOS 140 GRAMOS

En los últimos 100 años, el consumo de productos animales se ha incrementado fuertemente. La mayoría de la gente, los incluye casi a diario en su dieta.

KILOGRAMO POR CABEZA Y AÑO:

YOGURES UNOS 15 KG.

HUEVOS UNAS 130 UNID.

MANTEQUILLA 0,34 KG.

En el futuro, los insectos podrían sustituir a muchos productos.
Eso sería beneficioso para el medio ambiente porque la
producción de insectos necesita mucha menos energía y espacio
que la cría y mantenimiento de mamíferos y aves de corral.

¡Qué asco!

¿Les apetecería
una deliciosa hormiga?
¿O un grillo?

CARNE
UNOS 59 KG.

QUESO
UNOS 8 KG.

LECHE
UNOS 70 KG.

¿CÓMO CAUSAN LOS ALIMENTOS LOS GASES DE EFECTO INVERNADERO?

Se tiene en cuenta cuántos gases de efecto invernadero son liberados a la atmósfera con cada fase de producción.

Los animales tienen hambre. Cuantos más animales sean criados para nuestra necesidad de alimentos, más pienso es cultivado para ellos. Para la necesaria tierra de cultivo, se destruyen praderas y bosques. Para la plantación, cosecha y transformación en pienso, los campesinos utilizan además distintas máquinas y abonos que liberan en la atmósfera gases de efecto invernadero.

Los establos tienen que ser calentados y limpiados. Así pues, el mantenimiento de animales consume energía. ¡Y los mismos animales liberan gases de efecto invernadero! Sobre todo, las reses liberan gran cantidad de metano con sus eructos y flatulencias.

También la elaboración, el transporte y la refrigeración de los alimentos genera gases de efecto invernadero. Por ejemplo, la leche: las vacas son ordeñadas por máquinas automáticas de ordeño y la leche es desviada a un tanque de refrigeración. El camión cisterna lleva la leche a la central lechera, donde es calentada, esterilizada y envasada o para el tratamiento posterior de productos como yogur, mantequilla o nata. Finalmente, un camión distribuye todo a los supermercados, donde los frigoríficos, la luz y las cajas consumen electricidad.

Se tiene que pensar en todo esto si se calcula cuánto gas de efecto invernadero genera un alimento. Incluso hay que añadir nuestro desplazamiento en coche al supermercado y el almacenamiento en nuestro frigorífico. También juega un papel el despilfarro, ya que muchos alimentos se tiran a la basura debido, por ejemplo, a no tener buen aspecto o a que se ha pasado la fecha de caducidad y hay que producir nuevos.

¿COMER SOLAMENTE

FRUTAS Y VERDURAS ayudaría al clima? Sí y no. Muchas
personas renuncian, mientras tanto, a comer carne para proteger a los
animales y al medio ambiente. Se llaman vegetarianos. Los veganos
incluso se han decidido a tachar de su dieta todos los comestibles que
sean de procedencia animal. Y, efectivamente: en conjunto, esa forma
de alimentarse genera menos gases de efecto invernadero.

LA TIENDA DE LA GRANJA

PRODUCTOS PROPIOS

¿Ha vivido ése de ahí en el establo?

Pero también la verdura y la fruta pueden ser malos para el clima. Esto sucede
cuando se cultivan lejos y tienen que ser transportadas hasta nosotros en
avión, barco o camión. Como quiera que el transporte dura bastante, la
mercancía tiene que mantenerse refrigerada para evitar que se pudra. Eso
necesita energía adicional y genera dióxido de carbono.

Yo sólo como vegetariano

¿También su perro es vegetariano?

Así que hay una diferencia si se come una manzana que ha crecido en las proximidades o una piña que procede de muy lejos. La menor influencia en el clima la tienen los productos regionales de temporada. No tienen que ser cultivados en invernaderos con calefacción o transportados desde muy lejos. También aquellos a los que les gusta comer carne, huevos y queso pueden prestar atención al lugar de procedencia de los productos. Muchos campesinos venden sus propios productos en el mercado o en su propia tienda en la granja. Si se tiene un jardín propio, se pueden también plantar hierbas aromáticas, verdura y fruta.

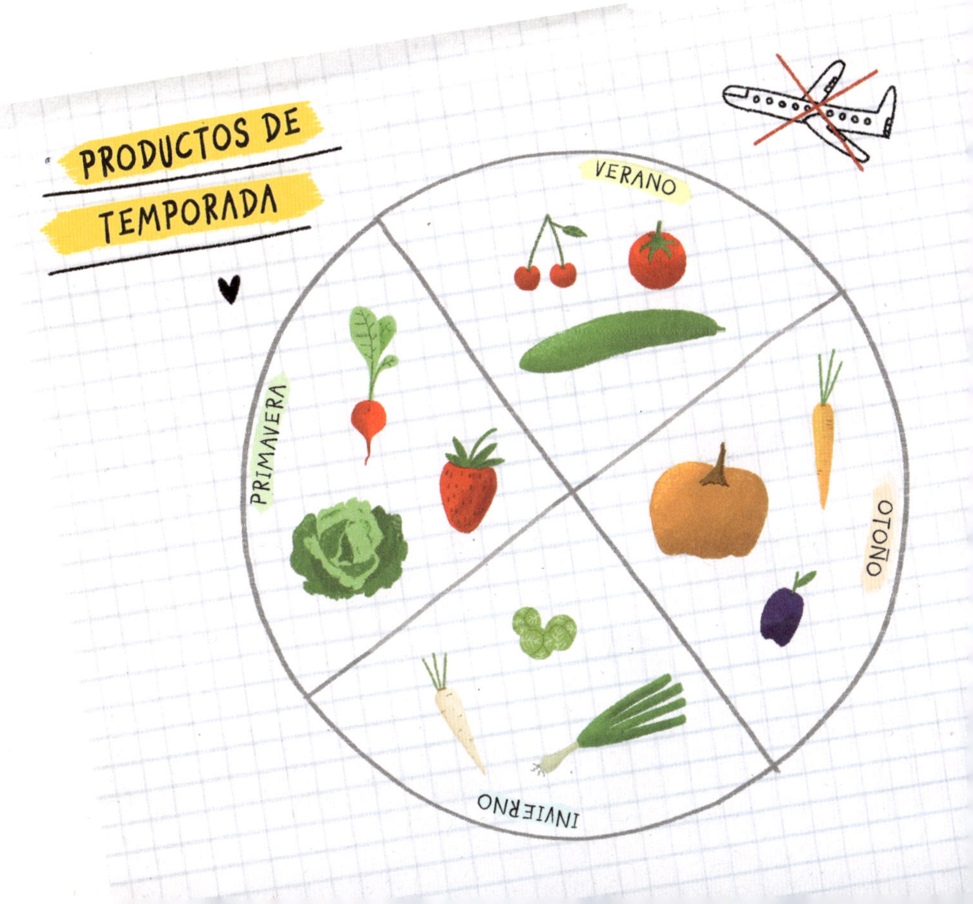

PRODUCTOS DE TEMPORADA

VERANO

PRIMAVERA

OTOÑO

INVIERNO

LA POBLACIÓN MUNDIAL

CASI SE HA TRIPLICADO desde que el abuelo y la abuela eran niños. Y sigue creciendo. Cada segundo, nacen por término medio tres nuevos ciudadanos en el mundo. Es algo que incrementa el consumo de materias primas y la expulsión de gases de efecto invernadero. Ya que cada vez más personas tienen que comer y beber y muchos quieren conducir un coche, viajar y comprar cosas bonitas. El consumo de energía aumenta, se necesita cada vez más terreno para la agricultura, se cría más ganado, se producen más cosas y aumenta la necesidad de agua.

Científicos y políticos trabajan para encontrar soluciones, de forma que todas las personas puedan vivir sanas y alimentadas sin sobrecargar demasiado el clima y cómo podemos ahorrar agua y energía. Tienen que actuar con urgencia porque el cambio climático influye ya hoy en todo el mundo.

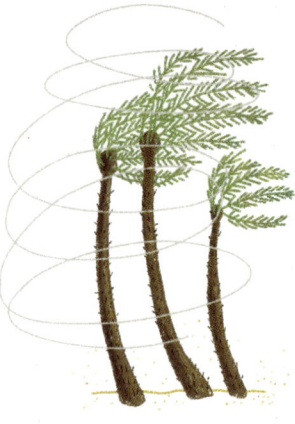

EL CALENTAMIENTO DE LA TIERRA CONVIERTE EL TIEMPO EN EXTREMO. Fuertes olas de calor hacen que las plantas se sequen, puede haber incendios forestales y escasear el agua potable. Pero el calor también lleva a tempestades con fuertes lluvias, porque el aire caliente almacena más vapor y se forman más nubes.

El tiempo extremo se mantiene, a veces, durante días y semanas. Eso tiene que ver con que los polos se calientan más que el resto del mundo, de manera que la diferencia de temperatura con el ecuador se reduce. Los vientos que fluyen desde el ecuador hasta los polos se vuelven más lentos, con lo que el calor y las tempestades ya no fluyen tan rápidos como antes.

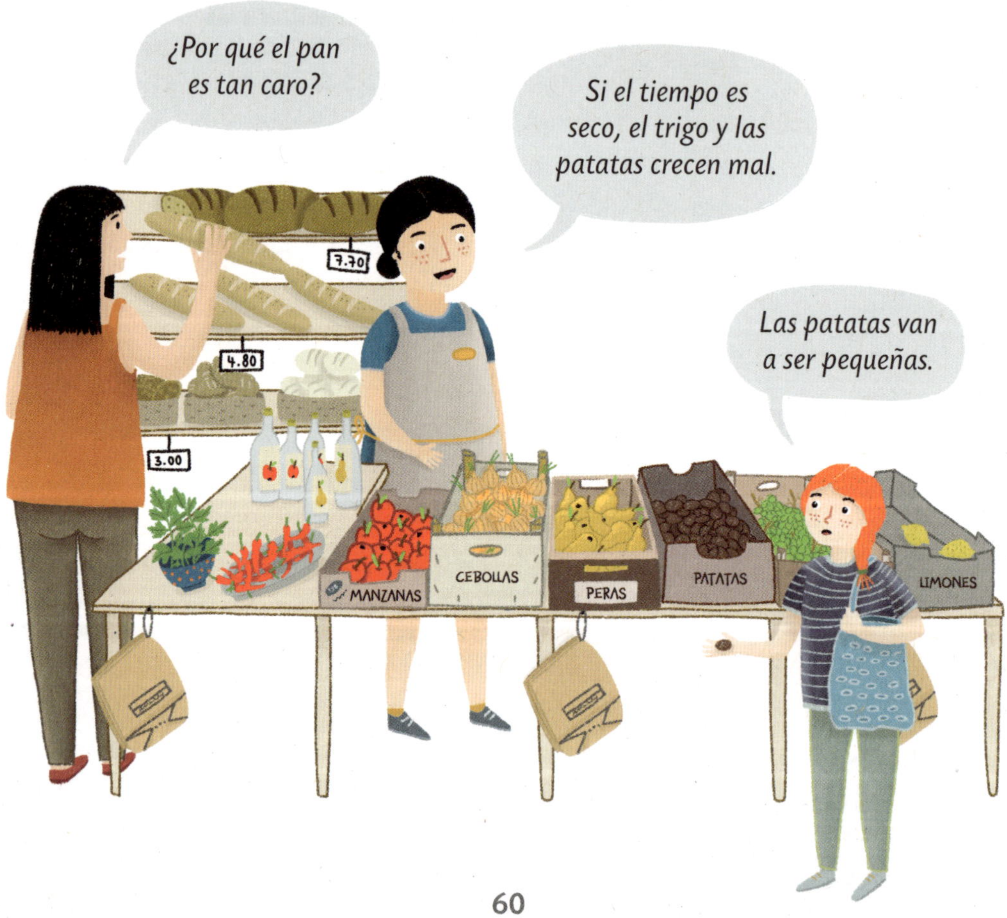
¿Por qué el pan es tan caro?
Si el tiempo es seco, el trigo y las patatas crecen mal.
Las patatas van a ser pequeñas.
7.70
4.80
3.00
MANZANAS
CEBOLLAS
PERAS
PATATAS
LIMONES

Calor, lluvias torrenciales y tempestades pueden dañar calles y casas. La reparación cuesta mucho dinero. Por eso, se intenta prevenir esos daños construyendo, por ejemplo, nuevos sistemas de alcantarillado. Todavía mejor es dejar el paisaje tan natural como sea posible.

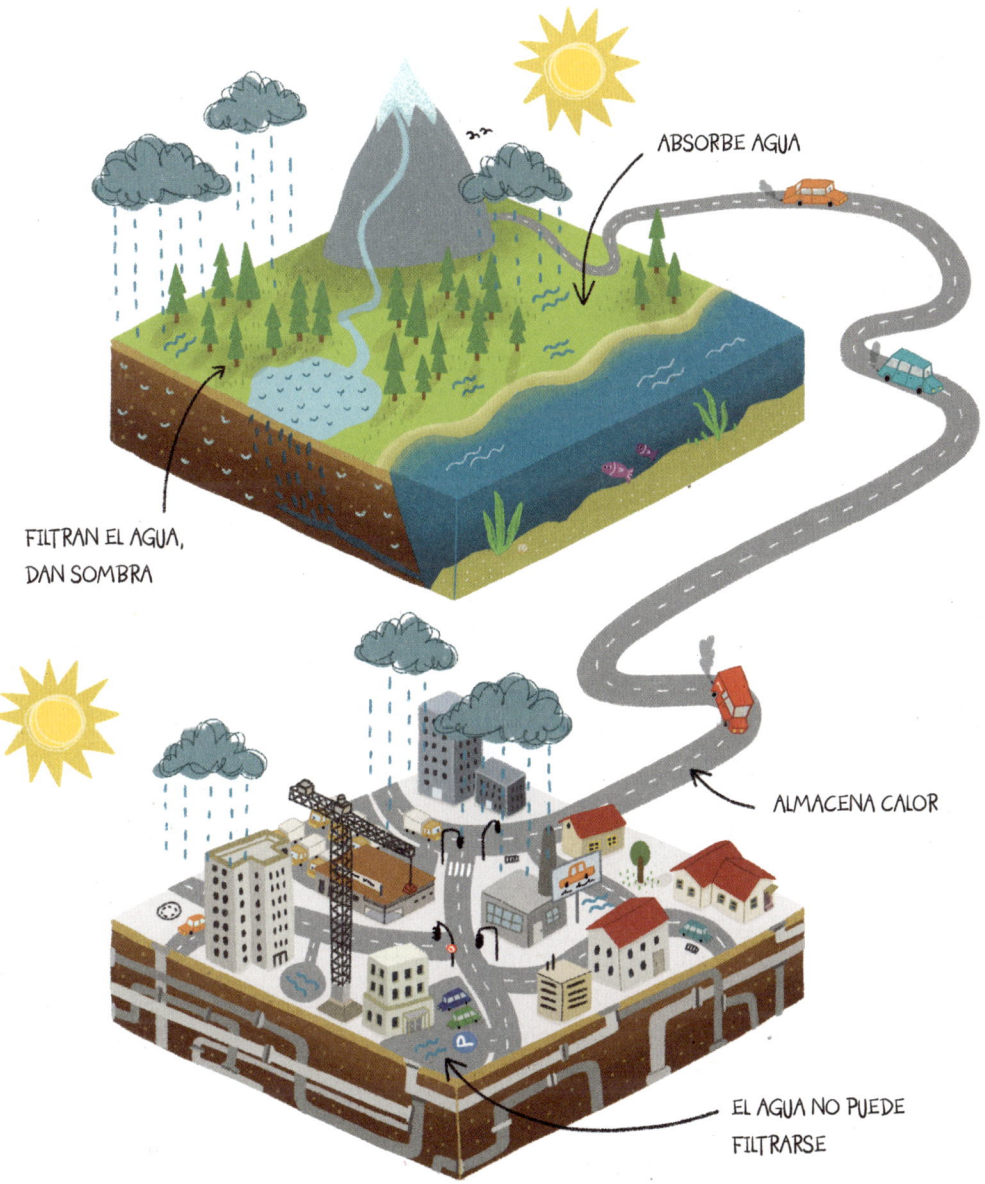

ABSORBE AGUA

FILTRAN EL AGUA,
DAN SOMBRA

ALMACENA CALOR

EL AGUA NO PUEDE
FILTRARSE

EL HIELO Y LA NIEVE REFLEJAN LA LUZ DEL SOL Y ASÍ ENFRÍAN LA TIERRA.

Debido al calentamiento de la Tierra, se derriten en grandes cantidades. Como la tierra y el agua son más oscuras que la nieve y el hielo, los rayos de sol ya no rebotan, sino que son almacenados. Esto es, aumenta todavía más el calor. Y cuanto más aumenta, más hielo se derrite.

En los Alpes, cada vez hay menos nieve y hielo. Por lo que las zonas de esquí tienen que ser "nevadas" con cañones de nieve. Incluso los glaciares se deshielan. Son gigantescas masas de hielo que se han ido formando con incontables capas de nieve. Si se derrite más hielo, los glaciares se reducen.

La gran cantidad de agua del deshielo puede causar inundaciones y deslizamiento de tierra. Como los glaciares son almacenes de agua potable, el abastecimiento con agua potable se vuelve difícil si los glaciares disminuyen.
Los investigadores intentan proteger los glaciares tapándolos, por ejemplo, con láminas especiales aislantes o recubriéndolos con una capa de nieve artificial.

ESPECIALMENTE EN EL POLO NORTE

SE PIERDE MUCHO HIELO. Debido al cambio climático, el tiempo se ha vuelto tan cálido que las gigantescas masas de hielo que cubren allí el mar durante todo el año se van reduciendo poco a poco. Es más el hielo que se derrite en verano que el que se forma en invierno.

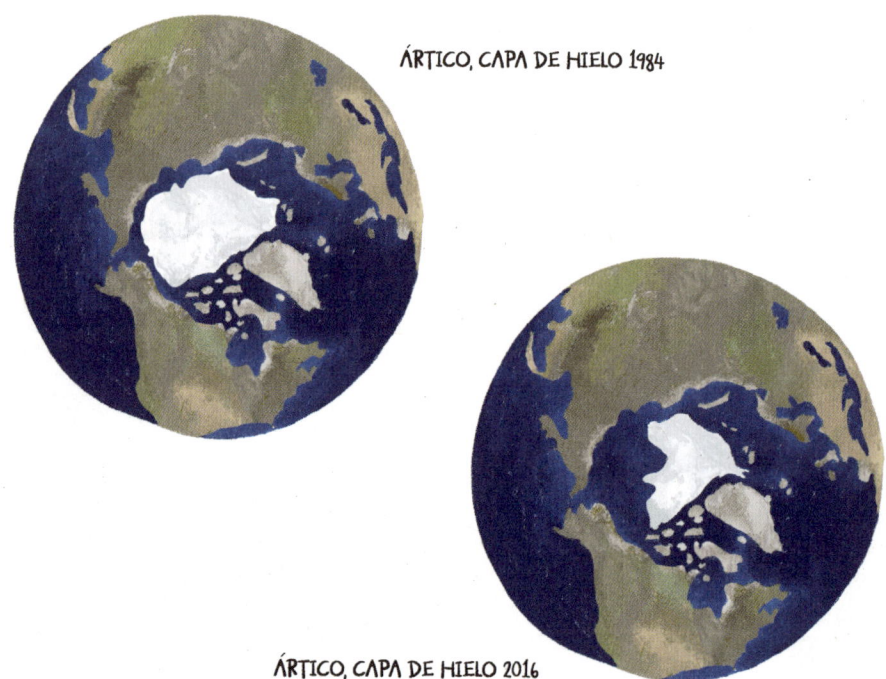

ÁRTICO, CAPA DE HIELO 1984

ÁRTICO, CAPA DE HIELO 2016

Otra parte del hielo del Polo Norte y del Polo Sur está en tierra y lentamente va deslizándose hacia el mar. Delante, con frecuencia, hay una capa de hielo marítimo. Como quiera que el agua se calienta cada vez más, el hielo del mar se derrite. Por lo que el hielo de tierra puede deslizarse más rápidamente hacia el mar, donde se rompe derritiéndose también.

Los investigadores buscan cómo poder frenar ese proceso. Hay ideas muy diferentes. Por ejemplo, levantar un gigantesco muro que pueda reconducir las corrientes cálidas marítimas alejándolas del hielo.

Los osos polares esperan sobre témpanos de hielo a que aparezcan sus presas, las focas. Como los témpanos se derriten, ya no encuentran suficiente espacio para cazar y se acercan cada vez con más frecuencia a los asentamientos.

ÁRTICO

En el Polo Sur hay cada vez menos alimento para los pingüinos, debido a que los peces que comen no pueden adaptarse a las crecientes temperaturas del mar.

ANTÁRTIDA

EL SUELO PERMANENTEMENTE HELADO (PERMAFROST) COMIENZA A DESHELARSE. En el hemisferio norte de la Tierra, el permafrost ocupa aproximadamente una cuarta parte de la superficie.

Hasta hace unos decenios, las capas más profundas del permafrost se mantenían heladas, incluso en verano. Debido al calentamiento de la Tierra, los suelos se deshielan más rápido que antes.

DIÓXIDO DE CARBONO

Los suelos se reblandecen: las casas dejan de estar sobre suelo firme y amenazan con hundirse. Aldeas enteras han tenido ya que ser desplazadas.

Así pues, al aumentar el calor, más terreno se deshiela, más plantas y animales podridos liberan gases de efecto invernadero. Y así continuará este ciclo infernal.

METANO

RESTOS DE PLANTAS Y ANIMALES

Los suelos del permafrost, al derretirse, incrementan el cambio climático, ya que en ellos hay muchas plantas y animales congelados. Si se descongelan, comienzan a descomponerse y liberan dióxido de carbono y metano.

EN TODO EL MUNDO

SUBE EL NIVEL DEL MAR. Hoy el nivel está unos 20 cm más alto que hace 150 años. Debido al hielo terrestre derretido, hay cada vez más agua en el mar. Además, los océanos se calientan. ¡Y el agua caliente se dilata! Muchas regiones costeras tienen que enfrentarse, cada vez con más frecuencia, a inundaciones y riadas.

Algunas de las pequeñas Islas Wadden en el Mar del Norte son tan llanas que son anegadas regularmente y entonces sólo sobresalen del agua las casas, al estar construidas sobre pequeñas colinas. Antiguamente, de 10 a 20 veces al año se daba ese fenómeno. Hoy se da hasta 50 veces.

En Alemania, diques y dunas protegen de las mareas especialmente altas a diques y carreteras que están bajo el nivel del mar y tienen que ser elevadas precavidamente. La arena que se pierde en invierno en las costas es nuevamente renovada. Sin embargo, para algunos países, la protección de las costas resulta demasiado cara. Por eso, muchas islas del mundo están amenazadas con hundirse en el mar.

¡Estupendas vistas!

Con la marea muy alta, el agua sube casi hasta aquí.

EN LA NATURALEZA
TODO ESTÁ ARMONIZADO. Los animales y las plantas que
comparten un mismo espacio vital (biotopo) dependen entre sí.
Si algo se modifica, todo pierde el equilibrio.

Los peces payaso se
ocultan de los enemigos
en los tentáculos de las
anémonas. Si mueren
los corales, pierden su
espacio vital.

Si los corales se calientan
demasiado, producen
partículas de azufre, que
ascienden del agua a la
atmósfera y ayudan a
formar nubes que pueden
ofrecer sombra, pero eso
no es suficiente para el
enfriamiento de los mares.

El mar absorbe adicionalmente dióxido de carbono que generan las personas. Además, la superficie del mar se ha calentado 1 grado más en los últimos 150 años.

Los tiburones tienen más hambre en el agua caliente que en la fría. Sin embargo, la abundancia de dióxido de carbono en el mar altera su sentido del olfato y capturan menos presas.

Presas como las tortugas se multiplican y arrasan los campos de algas marinas, que son importantes para la reducción del dióxido de carbono.

Los arrecifes de coral reciben sus nutrientes y su brillante color de las algas. Con el calor, las algas generan un veneno. Los corales las rechazan, pierden el color y mueren de hambre.

LAS PERSONAS DESTRUYEN EN TODO EL MUNDO GIGANTESCAS SUPERFICIES DE BOSQUE. Hoy hay, por ejemplo, solamente la mitad de selvas tropicales que hace 50 años. Los bosques, sin embargo, son importantes espacios vitales para miles de plantas y animales. Y filtran el aire de dióxido de carbono.

Los bosques húmedos o selvas tropicales son talados para acceder a materias primas fósiles y para plantar otro tipo de plantas, que se convierten en pienso para animales, biocarburantes o aceite. Con frecuencia, los árboles son quemados, con lo que se genera más dióxido de carbono.

SI LOS HERRERILLOS PONEN SUS HUEVOS DEMASIADO PRONTO PORQUE YA HACE CALOR, NO HABRÁ SUFICIENTES ORUGAS PARA ALIMENTAR A SUS CRÍAS.

¡Hagamos un bosque del jardín de delante de la casa!

Después construiremos una casa en el árbol delante de la ventana de la habitación.

También en el sur y centro de Europa sufren los árboles en los veranos calurosos y secos, que cada vez son más frecuentes. Los árboles crecen más lentamente. Llega un momento en el que ya no forman yemas ni frutos. Los árboles jóvenes pueden morir, debido a que sus raíces no profundizan suficientemente en el suelo para extraer agua de capas más profundas. Otros años llueve demasiado, algo que tampoco es bueno porque las raíces pueden enmohecer.

EN ALGUNAS PARTES DEL MUNDO
TODO SE VUELVE DEMASIADO SECO Y,
EN OTRAS, HAY DEMASIADA HUMEDAD. Los desiertos se
extienden debido al calentamiento de la Tierra. Allí, el gran número
de pequeños campesinos que se autoabastecen de sus cosechas, ya no
pueden plantar nada. Para regar los campos, se desvía agua de los ríos,
con lo que los ríos también se secan.
Si llueve con muy poca frecuencia, el suelo reseco no absorbe el agua.
En su lugar, la capa superior y fértil de la tierra es arrastrada por las
aguas.
Los habitantes de las zonas secas intentan detener la formación de
desiertos procurando, por ejemplo, cultivar plantas que no extraigan
más agua del suelo. Pero son impotentes ante el cambio climático.

En otros países, llueve tanto o el nivel del mar está ya tan
alto que los campos de cultivo permanecen constantemente
inundados. A veces, se encuentran soluciones creativas. Por
ejemplo, se experimenta con diferentes clases de arroz, que
pueden ser también fácilmente plantadas en los campos
inundados de agua salada. O los campesinos construyen bancales
que pueden flotar.

LAS PERSONAS DE LOS PAÍSES POBRES SON LAS QUE MÁS SUFREN BAJO EL CALENTAMIENTO DE LA TIERRA porque

generalmente no reciben ninguna ayuda del Estado para hacer frente a las consecuencias del cambio climático, como las malas cosechas o las tempestades destructivas. Especialmente injusto es que sean los países ricos los responsables del cambio climático.

Muchas personas tienen que abandonar sus hogares porque ya no pueden sobrevivir allí. Algunos vienen a Europa, pero la mayoría no se van lejos porque no tienen dinero para un viaje largo.

Resulta difícil estimar cuánta gente se ve obligada a abandonar su tierra debido al cambio climático, ya que hay otros motivos, como las guerras, que llevan a las personas a emprender la huida.

AQUÍ LA VIDA SUFRE FUERTES CAMBIOS
DEBIDO AL CAMBIO CLIMÁTICO:

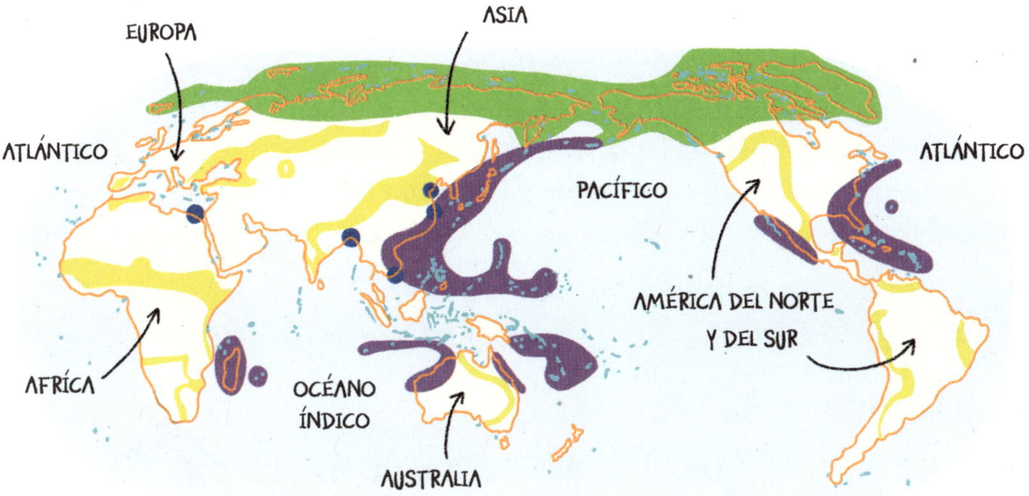

EUROPA

ASIA

ATLÁNTICO

ATLÁNTICO

PACÍFICO

AMÉRICA DEL NORTE
Y DEL SUR

ÁFRICA

OCÉANO
ÍNDICO

AUSTRALIA

ZONAS COSTERAS AMENAZADAS

GRANDES DELTAS FLUVIALES

PELIGRO DE DESHIELO DEL HIELO
Y DEL PERMAFROST

PELIGRO DE HURACANES

ISLAS PEQUEÑAS

PELIGRO DE DESERTIZACIÓN Y SEQUÍA

LOS POLÍTICOS PIENSAN SOLUCIONES PARA LA PROTECCIÓN DEL CLIMA.

Son elegidos por los adultos, pueden hacer cambios a lo grande e influir en nuestro modo de vida, dado que pueden aprobar leyes que prohíban ciertas cosas; por ejemplo, la fabricación de pajitas de plástico o que las bolsas de plástico en los comercios sean gratuitas. También pueden promover otras como, por ejemplo, construir nuevos carriles bici.

El cambio climático sucede en toda la Tierra. Por eso, se reúnen una vez al año políticos de todos los países para hacer planes conjuntos para la protección del clima. Pero cada país tiene otros problemas y deseos y, por eso, les resulta con frecuencia tan difícil unirse.

En un acuerdo sobre el clima, los representantes de 196 países acordaron que había que limitar drásticamente el calentamiento de la Tierra. Cómo conseguirlo es una cuestión que cada país tiene que fijar: por ejemplo, cuántos gases de efecto invernadero pueden reducirse y hasta cuándo y cómo conseguirlo.

ACUERDO DE PARÍS

1. ASCENSO DE LAS TEMPERATURAS: **NO** MÁS DE 1,5 GRADOS.

2. A PARTIR DEL AÑO 2050, **NINGUNA** EXPULSIÓN MÁS DE GASES DE EFECTO INVERNADERO QUE NO PUEDAN SER ABSORBIDOS POR LAS PLANTAS.

3. LOS PAÍSES INDUSTRIALIZADOS DEBERÁN APOYAR A LOS PAÍSES POBRES EN SU LUCHA CONTRA EL CAMBIO CLIMÁTICO.

4. CADA PAÍS TIENE QUE INFORMAR DE CUÁNTOS GASES DE EFECTO INVERNADERO EMITE Y CÓMO QUIERE SEGUIR REDUCIÉNDOLOS.

SE PUEDE GENERAR CORRIENTE ELÉCTRICA A PARTIR DEL VIENTO, DEL SOL O DEL AGUA. A diferencia de la quema de materias primas fósiles, no se libera ningún gas de efecto invernadero. ¡Una buena alternativa!

Las aspas movidas por el viento impulsan generadores que producen electricidad.

¡Ojalá no les hagan daño a los pájaros!

De todas maneras, en la Tierra hay sol y viento, independientemente de que los utilicemos para generar energía. Y no disminuyen cada vez más como sucede con el carbón, el petróleo o el gas natural hasta que, en algún momento, se agotan. Por eso, se las denomina energías renovables.

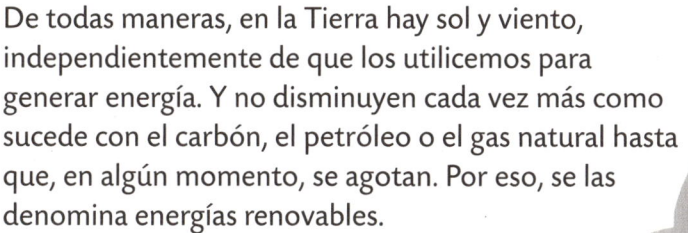

¡Se dice que la energía nuclear es amiga del clima!

Las centrales nucleares en algunos países están siendo desconectadas progresivamente. En España, por ejemplo, se prevé que estén cerradas todas en 2035.

¡Pero también peligrosa!

Ahí ha trabajado mucha gente.

En países como España ya no se extrae carbón. Y para el año 2038 todas las centrales carboeléctricas deberán haber cerrado.

CERRADO

¿No pueden aprender a construir turbinas de viento?

LOS VEHÍCULOS A MOTOR TIENEN QUE SER MÁS AMIGOS DEL MEDIO AMBIENTE.

Especialmente los coches que circulan con diésel generan muchos gases contaminantes. Por eso, en algunas ciudades se les ha prohibido circular. Sin embargo, esto es solamente una medida de emergencia. Para que el aire se vuelva permanentemente limpio, mucha gente debería viajar en tranvía o autobús.

No se puede ir a todas partes en autobús, tren o bicicleta. Por eso, necesitamos otros combustibles que, al contrario que el petróleo, se pueden obtener a partir de plantas. Pero para ello habría que cultivar cantidades masivas de colza, maíz y trigo en terrenos gigantescos, en los que normalmente pueden vivir muchas especies de animales y plantas.

Algunos coches no necesitan ningún combustible. Circulan con una batería. Para ahorrar dióxido de carbono, la electricidad con la que son cargadas las baterías procede de energías renovables. Otros coches obtienen la electricidad a partir del hidrógeno. Sin embargo, el hidrógeno actualmente todavía se obtiene del gas natural.

LOS CAMBIOS CUESTAN DINERO. Por ejemplo, para filtrar mejor los gases residuales de las fábricas, hay que comprar nuevos filtros. Por eso, muchas empresas no están dispuestas a hacerlo voluntariamente. Quieren fabricar lo más barato posible su producción para poder ofrecerla a sus clientes al precio más bajo.

ASÍ FUNCIONA EL COMERCIO DE EMISIONES:

Desde hace un tiempo, los empresarios necesitan un certificado por cada tonelada de dióxido de carbono que quieran arrojar a la atmósfera.

¡Así la otra empresa puede sencillamente apestar el aire!

EL ESTADO

Si causan menos emisiones, se les permite vender el resto de los certificados en la Bolsa o a otra empresa. De esta forma, pueden ganar dinero si ocasionan menos dióxido de carbono.

Las empresas pagan dinero al Estado, los llamados impuestos, que el Estado puede gastar, por ejemplo, en la construcción de nuevos carriles bici. Además, las empresas pagan un sueldo a sus empleados. Los puestos de trabajo y los impuestos son importantes, por lo que los políticos respetan a las empresas; por ejemplo, apoyando a los empresarios que quieren modernizar su tecnología.

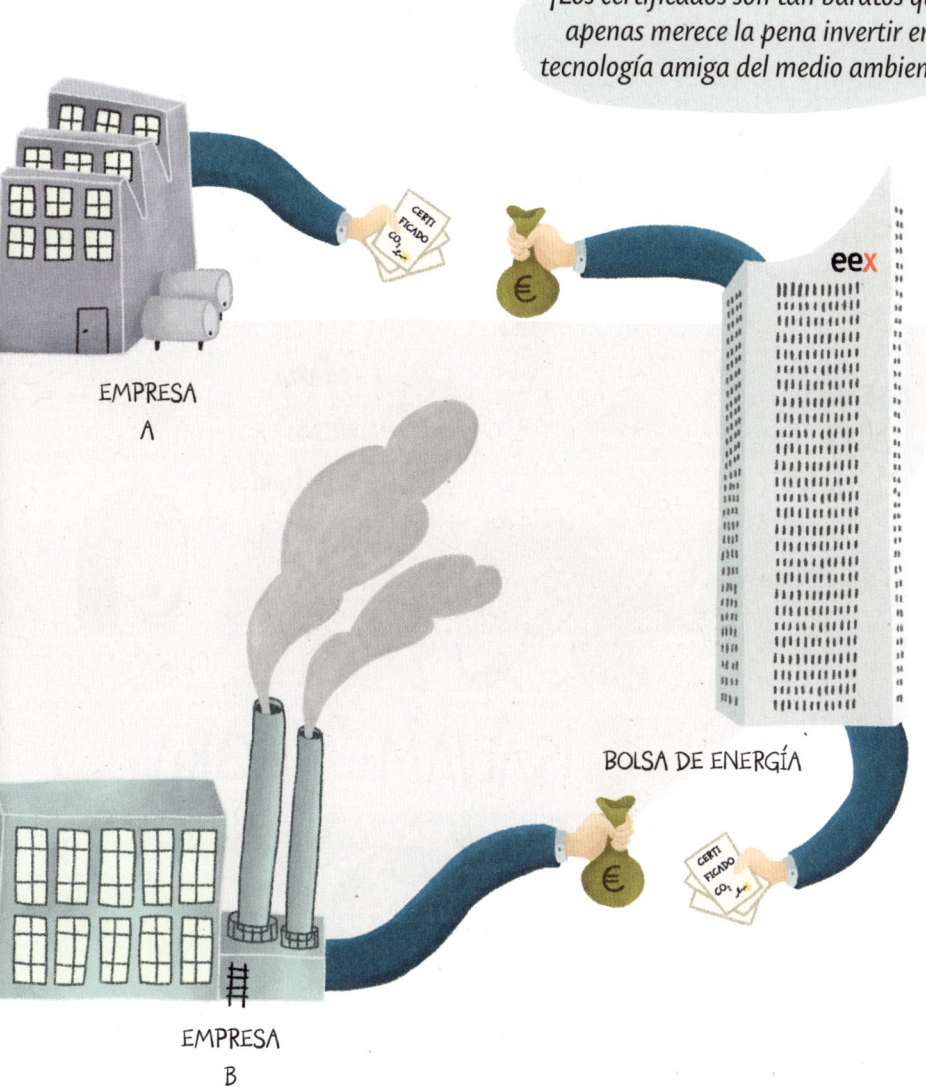

¡Los certificados son tan baratos que apenas merece la pena invertir en tecnología amiga del medio ambiente!

EMPRESA A

eex

BOLSA DE ENERGÍA

EMPRESA B

LOS NIÑOS Y ADOLESCENTES NO SIEMPRE ESTÁN CONTENTOS CON EL TRABAJO

DE LOS POLÍTICOS. Consideran que los políticos tendrían que hacer más para regular la emisión de gases de efecto invernadero porque tendrán que vivir más tarde con las consecuencias del cambio climático que los adultos ocasionan ahora. Muchos participan en manifestaciones para mostrar su opinión.

Cuánto se calentará todavía la Tierra depende de lo capaces que seamos de limitar la emisión a la atmósfera de los gases de efecto invernadero. Hoy, ya vemos lo poderosamente que un solo grado repercute en la Naturaleza. ¿Qué traerán los próximos 150 años? Hay una diferencia gigantesca si es 1, 2 o 5 grados, porque determinados cambios se aceleran por sí mismos. Como, por ejemplo, el deshielo de suelos permanentemente congelados o los glaciares.

Los científicos intentan descubrir nuevas soluciones para ralentizar el cambio climático.

Algunos piensan recoger dióxido de carbono de la atmósfera y convertirlo en carbono.

Otros se pueden imaginar el transporte en avión de aerosoles a la atmósfera, que rechazarían los rayos solares. Como en una gran erupción volcánica.

Sin embargo, no está claro si estos métodos pueden verdaderamente funcionar. Lo que está claro es que las personas tienen que dejar de expulsar al aire gases de efecto invernadero.

CASI TODO LO QUE HACEMOS

REPERCUTE UN POCO EN EL CLIMA. Esto es, a la vez, una buena y una mala noticia, porque eso quiere decir que cada uno de nosotros participa en el calentamiento de la Tierra. Pero también significa que cada uno de nosotros puede contribuir a limitar el calentamiento de la Tierra.

La influencia que tiene cada uno de nosotros en el clima se puede entender como la huella ecológica. Es decir, la huella que nuestra vida en la Tierra deja tras de sí. La huella mide lo grande que tiene que ser la superficie de la Tierra y del agua para producir todo lo que consumimos cada día. Y lo grande que tiene que ser la superficie de la Tierra para acoger toda la basura que originamos.

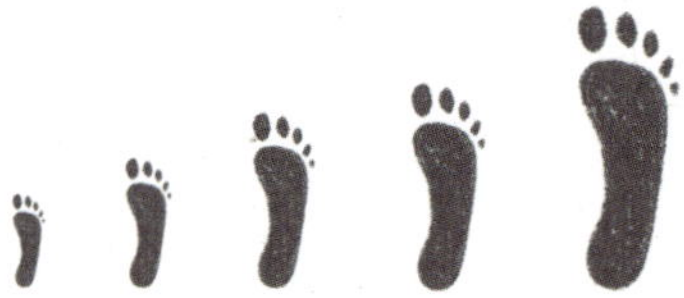

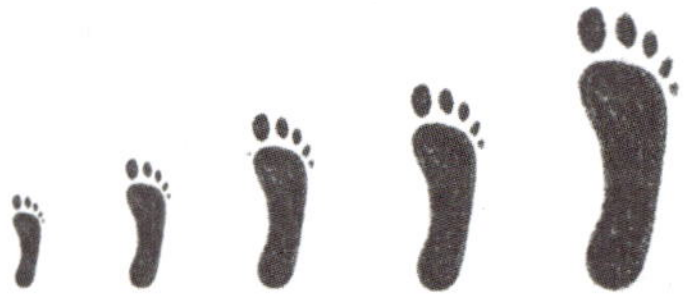

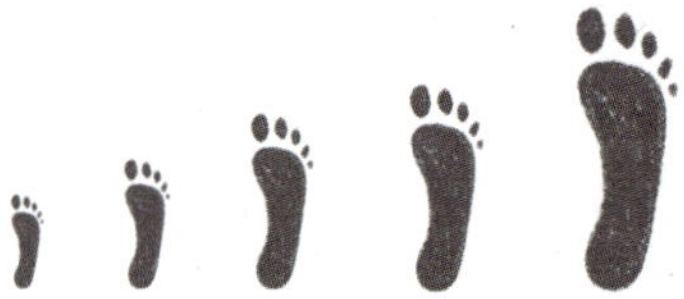

Si todos vivieran como la gente del centro, norte y sur de Europa, se necesitarían varios planetas. Porque volar regularmente, comprar comestibles en el supermercado, ponerse con frecuencia nueva ropa o comer diariamente carne consume más de lo que la Tierra puede ofrecer.

LAS PERSONAS Y LOS ANIMALES LIBERAN DIÓXIDO DE CARBONO, LAS PLANTAS

VUELVEN A ELIMINARLO. Sin embargo, cada vez hay más personas y cada vez menos bosques en el mundo, con lo que el ciclo se desequilibra. Algunas cosas tienen una mayor influencia en el ciclo del carbono y del clima que otras. Un árbol necesita la totalidad de su vida para absorber unos 500 kg de dióxido de carbono. ¡Sin embargo, nosotros no necesitamos tanto para producir esa cantidad! Para visualizar esto, se puede calcular cuántos árboles por persona serían necesarios para eliminar una determinada cantidad de dióxido de carbono:

VIAJE DE FRANKFURT
A NUEVA YORK

VIAJE DE BERLÍN
A PARÍS

1 AÑO DE CONSUMO
DE ELECTRICIDAD

1 AÑO DE VIAJAR EN COCHE

1 SEMANA EN UN CRUCERO

1 AÑO CONSUMIENDO ALIMENTOS
VEGETALES Y ANIMALES

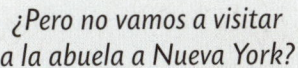

¿Pero no vamos a visitar
a la abuela a Nueva York?

Cualquier persona puede encargar a distintas
organizaciones que planten árboles. Eso debe ayudar
a restablecer de nuevo el equilibrio en el ciclo del
carbono.

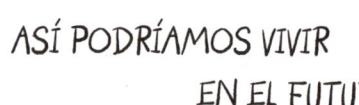

ASÍ PODRÍAMOS VIVIR EN EL FUTURO

para ahorrar gases de efecto invernadero y cuidar el clima:

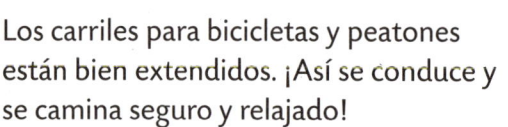

Los carriles para bicicletas y peatones están bien extendidos. ¡Así se conduce y se camina seguro y relajado!

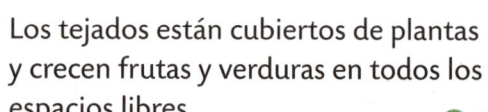

Los tejados están cubiertos de plantas y crecen frutas y verduras en todos los espacios libres.

Insectos como las abejas encuentran un espacio para vivir y suficiente alimento.

Las casas están bien aisladas, de forma que apenas hay que encender la calefacción. Ellas mismas se abastecen de energía y producen más electricidad de la que necesitan. El resto puede ser utilizada para, por ejemplo, coches eléctricos.

La gente compra lo que verdaderamente necesita.

Mermelada
Avellanas
Peras

La gente trae sus propios envases para ahorrar la basura del envoltorio. Comercios y empresas prefieren productos y materiales de la región.

La basura que no puede evitarse es utilizada para nuevos productos, generación de energía o como abono de las muchas plantas.

¡LO VIEJO SE CONVIERTE EN NUEVO!